아름다운 탁발

심지시선 003

아름다운 탁발

2008년 11월 15일 초판 1쇄 발행

지은이 이은자
펴낸이 윤영진
편 집 함순례
디자인 한천규 이경훈
펴낸곳 도서출판 심지
등록 제 253호
주소 300 -812 대전광역시 동구 삼성동 125-2 4층
전화 042 635 9942
팩스 042 635 9941
전자우편 simji42@hanmail.net

ISBN 978-89- 91109-57-5 03810

* 이 책은 충남 보령시 문예창작기금을 받았습니다.

심지시선 003

아름다운 탁발

이은자 시집

심지

李銀子

□ 시인의 말

사물들에 귀 기울이면
저마다 들려주는 말이 있다
가만 가만히 안을 들여다보면
속내를 환하게 보여준다
그러나 나는 오래도록
사물과 내통하지 못하고
몸속 말들만 들끓었다
입 다문 마음을 들켜버렸는지
나를 향해 중얼거리는 사물들
내게 말을 걸어온다

2008년 가을 보령에서

이은자

차례

제2부

제3부

제4부

제1부

소금꽃

어물전 한 모퉁이
소금 한 됫박 탑처럼 쌓아 놓고
갯내 풍기는 입을 꾹 다문
노파는 목어 같다
밤잠 설친 주름진 얼굴
산처럼 쌓아놓은 걱정을
고무래로 다독거렸을 것이다
생은 짜고 뜨거운 것이라고
짭조름한 손으로 소복이
하루의 생계를 담으며
가둬 놓은 소금밭을 펼쳐
햇볕에 써내 밀리고 있다
사리 몸속에 감춰두고
하얀 이 드러내며 웃고 있다

아욱을 씻으며

아욱을 치대어 씻다가
생것의 푸른 거품을 본다
치대면 치댈수록
서로 아프게 부딪히면서
온몸으로 품어내는 향내
결국 우리가 살아가는
일도 마찬가지다
고통도 서로 꼭 껴안고
물들어 가다보면
어느새 맑은 향이 난다
아욱국 끓이는 저녁
내 마음을 치대본다
오래 가시지 않던 멍자국에
붉은 노을이 번지는 걸
들키고야 말았다

대나무

백년에 한 번 꽃을 피운다
서두르지 않고 천천히 피어
올리는 대나무 일가
그토록 더디게 꽃을 피우는 걸
게으르다고 나무라지 마라
헛된 욕심 부리지 않고 마디마다
품은 큰 뜻 하늘을 찌른다
가진 것 없고 볼품없이 숭숭
속이 비어 땔감도 못 되지만
이래봐도 통 하나만큼은 크다
늙어갈수록 꼬장꼬장한
저 대쪽 같은 곳내를 보라
짱짱하게 중심을 잃지 않고
수평으로 들이미는 하얀 뿌리
질긴 내력이 사람들의 마을로 걸어온다

바닥이 되는 일

그의 몸이 다리가 되어 기어가고 있다
고생대 화석같이 오롯이 솟아있는
고집스런 외줄기 등뼈

잘 굴러가지 않는 구루마 바퀴
온몸으로 덜컹덜컹 밀고 가는 길은
멀고 아득하다

딛고 일어설 수 없는 바닥에
긴 뿌리를 한 뼘씩 내리고
어둠을 쓸어내리고 있는데

일평생 걷는 일 밖에 몰랐던
부처도 예수도
길에서 나서 길에서 죽었다

그렇다 아름다운 삶이란
바닥을 사랑하는 일이다

거뜬히 바닥이 되는 일이다

장항선

사람보다 짐을 더 많이 모시고 달린다
보따리가 대들보마냥 높은 곳에 앉아 있다
두고 온 집보다 보따리들의
안부가 더 궁금한지 더러더러 올려다보는
늙은 시골 내외
한해 농사 지어 실한 놈을 골라
도시에 사는 자식을 위해
미리 챙겨놓았을 것이다
땡볕에 그을린 얼굴 분도 바르고
오랜만에 화사한 옷도 입었다
벌써 마음은 종착역에 도착한 듯
어린아이처럼 들떠 있는데
기차도 그걸 아는지
칙칙폭폭 신나게 달리는 것이다

모든 아픈 것들은 뿌리를 내린다

분갈이를 하다보니
좁고 오래된 화분에 잔뿌리만 가득했다
봄이 몇 번 왔다 갔는데
꽃 한 송이 피워보지 못하고
무성하게 뿌리만 내렸나보다
캄캄한 화분 속 퉁퉁 부은 관절
얼마나 고통스러웠을까
건조한 삶을 핑계로
관심조차 두지 않았던 게
못내 통풍처럼 쑤셔왔다
모든 아픈 것들은 저렇게
뿌리를 내리는 것일까
썩은 뿌리를 솎아내고 다듬어
큰 화분에 춘란을 옮겨 심었다
한 일년 잘 가겠다

서산 마애삼존불

저 웃음이야 말로
천진난만한 아이의 얼굴이다
이리 보고 저리 보아도
모난 구석 없이 둥글납작한
두루두루 인상 좋기로
소문난 서산 마애삼존불
야단법석 소란을 피워도
한 번도 성내지 않으시고
넉넉한 미소로 손까지 흔드신다
나이를 많이 잡수신 탓에
여기저기 금이 가고 아프신지
중병을 앓고 계시다가
몸 추스르고 기력을 찾으시더니
이제는 괜찮다 괜찮다,
가만히 엿보던 햇살도 덩달아
활짝 웃기도 하는 것이다

어떤 출산

분만 중에 있던 조선시대의
한 여인이 파주에서 발굴되었다
무덤 속에서도 아이를 품고 있던
여인이 긴 잠에서 깨어났다
여기저기 구경꾼들이 떠들썩하게 몰려들자
하늘 아래 알몸을 드러내는 일이
부끄러운지 자꾸만
다리를 오므렸다 폈다 하기도 하고
슬며시 돌아눕기도 하는 것이었다
따뜻한 자궁 속에서 팔과 다리
잔뜩 웅크린 아이가 세상 밖으로
나오려고 머리를 밀어내는 순간
여인은 막 진통이 오는지
두 주먹을 꼭 쥐고 힘을 주곤 하였다

독毒

시간이 지나면 음식은
썩는 것과 발효되는 것이 있다

썩은 것은 부패되었다 하고
발효된 것은 잘 익었다고 한다

썩어가는 것들은 부글부글 치밀어오른 화
참기 힘들다는 듯 얼굴이 붉다
발효된 것은 자신의 상처까지도
끌어안고 견뎌서인지
향기도 맛도 그윽하다

살아가면서 독을 버리고 사는 일
이제라도 썩은 부위 도려내어
더 썩는 것을 막을 수만 있다면
그리하여 푹 익을 수만 있다면

능쟁이의 하루

서해안에 사는
능쟁이는 바다가 집이다
대문도 없는 집에 사는 능쟁이는
이른 새벽부터 갯벌에 나와
고랑을 만들고 물꼬 트는 일을 한다
호미도 삽도 없이 알몸으로
늘 바쁘게 살아가는 농사꾼이다
하루해가 너무 바삐 간다고
푹푹 빠지는 발을 동동 구르며
새참 먹을 새 없이 허리 한 번 펼 새도 없이
낮게 엎드려 소금보다 짠 땀을 흘리고 있다
파도가 거품을 풀어 놓은 듯
뉘엿뉘엿 하루해가 질 무렵
궁리를 마쳤던가 슬슬
진흙 묻은 몸을 파도에 씻고
빼근한 다리 뻗고 잠이 드는 것이다

힘 좀 빼시라

한참 물 오른 낙지 한 마리
갓 잡아 올렸을 땐 흐물흐물
넉살 좋게 찰싹 달라붙어
떨어질 기미가 보이지 않더니
참기름을 온몸에 두르고
안주 한 접시로 나오더니
처음 본 사람처럼 언제 그랬냐는 듯
시치미 뚝 떼고 앉아 있다
헛다리 짚어대는 나무젓가락이
살짝 민망해지기 시작한다
초고추장에 밀어 넣기 전에
제발 으스대지 말고
짱짱하게 힘이 들어간 어깨
힘 좀 빼시라

옷걸이

옷걸이에 걸어 둔 나를 내려놓는다 비로소 빈 옷걸이가 된 옷걸이가 가만히 내게 다가와 툭툭, 내 가슴에 수북이 쌓인 먼지 말끔하게 털어준다 지금까지 내 죄의 무게까지 걸친 옷걸이, 누구에게나 운명처럼 걸려 있는 시간이 있다고 …… 건달처럼 가볍게 발장난을 친다 언제부턴가 나는 정갈하게 걸려 있어야만 인간다워지는 줄 알았다 아름다워지는 줄 알았다 나를 걸어놓아야만 편해지는 줄 알았다 내려놓으면 홀가분해지는 것을 알지 못하고 날마다 옷걸이에 나를 걸어 두었다 캄캄한 눈물의 방에 빈 옷걸이가 걸려 있다

손가락에 대하여

부처는 태어나자마자 일곱 발자국 걸어가서

오른손은 하늘을 왼손은 땅을 가르켰다고 한다

내가 가르키는 곳마다 길이 되지 못하고

우쭐대던 내 손가락이 누군가를 향한 삿대질이 되진 않았는지

손가락에 장을 지진다고 되레 큰소리 친 일 없는지

성주산 계곡을 걸어가다가 문득

날 향해 빳빳이 고개 세운 나의 검지를 만난다

보일러

나도 한 번쯤은
뜨겁게 살수 있었으면 좋겠다
심장이 콩콩 뛸 때마다
혈관을 타고 흐르는 뜨거운 피가
차갑게 식은 방을 데웠으면 좋겠다
나이가 들어 녹이 슬면 언제나
간편하게 바꿀 수 있는 보일러처럼
내 삶도 완벽하게 바꿀 수 있다면
얼마나 좋겠는가
가슴에 무얼 안고 살아야
아랫목을 덥힐 수 있을까
때론 가열되지 않는 보일러처럼
차갑기도 했던 것을
오늘도 나는 저문 마음을 따라
어둑어둑해진다
가슴에 뜨거운 눈물도 흐르지 않는다

감나무

가을이 왔다
달아오를 대로 달아오른
감나무에 백열등이 켜졌다
제 마음에 일찌감치 불을 켜고 싶었는지
새벽 일찍 일어나 가을볕과 내통하는 걸
나는 보았다
떫은 생이 익어가는 가을
그리운 사람을 떠올리면
내게도 불이 들어올 것만 같다
우듬지를 오래도록 쳐다보았다
평생 어떻게 살아야 할지
감이 잡혔다

메주

몸 안의 독을 피어 올리는 중이다
온 들판이 세상인 줄만 알던 어린 콩이
일찍이 출가를 하여 속세에 묻은 껍질을 벗고
펄펄 끓는 무쇠솥에서 물기도 쫙 빼고
새벽마다 내리치는 절구의 염불에
네모반듯이 다시 태어났다
깨달음을 얻고자 밤낮없이
뜬눈으로 가부좌 틀고 좌선을 한다
한시절 푹 썩자, 푹 썩어서
윤회를 벗어나야 한다는 듯
지푸라기 같은 한 줌 목숨 볏단 같은 업 내려놓고자
죽비 맞아가며 졸음을 쫓아내다가
꾸벅 잠 든 사이, 깡마른 몸에
불두화가 폈다

제2부

나무에 각을 하며

나무에 각을 해 본 사람은 안다
저마다 다른 무늬를 지니고 있다는 것을

나무가 걸어온 길을
읽어 내리는 동안
참 오랜 시간이 걸렸다

나무가 가진 결을 알지 못해
칼날만 부러뜨린 날들이
얼마나 많았던가

생은 누군가에게 결이 되어주는 일
보이지 않는 상처까지 쓰다듬어
줄 수 있어야 한다

모과

속은 단단하고 때깔 좋게 여물었다
볕 좋은 가을에 받은 선물
책상에 놓았다가 거실에 두었다가
베란다로 옮겨지는 동안
겨울이 왔다
한쪽 귀퉁이가 조금씩 썩어가면서도
몸 안 가득 쟁여 놓은
향기는 얼지 않는다
한 그루 모과나무로 살 수 있다면
시고 떫은 세상살이
거뜬히 향기롭게 늙어갈 것이다

속내가 환하다

미산면 풍산리 외딴집
민간약초로 사는 그녀는
들과 산 쑥이 되고 질경이가 된다
천근만근인 지상의 외로움을
잘 발효시킬 줄 아는 그녀를 만나면
쌉싸름한 구절초 향내
입안에 가득하다
더는 감출 게 없는 듯
취한만큼 투명해지는
꽃

어머니의 등

방안에 누워계신 어머니
오랜만에 등을 밀어 드렸다
서쪽을 바라보는 해송처럼 서쪽으로 등뼈가 굽어 있다
잔가지가 많아서 나이테도 늘이지 못하고 볼품없이
고요히 늙어가는
저 굽은 등
무거운 내가 아직도 업혀 있다
문득 어미의 등을 가르고 날아간
어린 매미를 생각했다
목에 가시가 걸린 듯 생목이 올라온다
눈시울 뜨거워진다
수척해진 어머니가 허물이 많은 건
내가 있기 때문이다
이제 그만 내려놓으세요
그동안 참 많이 늙으신 어머니는
못내 말이 없으시다

가족

장독대에 항아리들이 가족처럼 살고 있다 할머니 항아리엔 가족을 위해 이른 새벽 손 모아 빌던 맑은 정한수가 담겨져 있고 그 옆 아버지 항아리엔 매일매일 뚜껑을 열고 닫는 일이 바쁜 푹 곰삭은 구수한 된장이 가득하고 그 옆 나란히 서 있는 한 귀퉁이 이가 빠진 어머니 항아리엔 가끔씩 매운 잔소리와 찔끔 눈물나게 하는 고추장이 들어 있고 무엇 하나 담아내지 못하고 뻘쭘하게 서 있는 나는 손때도 묻지 않은 장식용 항아리, 늘 깔깔거리고 장난끼 많은 아이 항아리가 그 가족의 웃음단지다

맵고 짜고 달달한
저마다 끝내는 둥글어지고야마는
항아리 가족

약손

어릴 적 배가 아프면
밤새 쓰다듬어주던 어머니의 손
약사여래 손이다
기적처럼 아픈 것도 낫게 하는 자비의 약손이었으나
지금은 더 이상 펴지지 않는
그만 구부러진 손이 되어버렸다
다시 동그랗게 말리는 손을 잡고
오늘은 내가 오래도록 주물러 드렸다

검은 바다

바다에 조의 등이 켜졌다
이윽고 기름때 묻은 바다를 닦으러
먹구름처럼 사람들이 몰려들었다
바다가 한 번씩 검은 피를 토할 때마다
어린 물고기들은 상주처럼
바다를 끌어안고 운다
사람들이 바다를 닦고 있다
바다가 사람의 마음을 닦고 있다

옛 지도를 보다

기운이 살아있다

주름 풍성한 산들과 실핏줄 같은 도성의 길들
핏기가 돌자 서로 어깨를 기댄 흙 담장 사이
물오른 나무들이 만개해 있다

봄볕이 비스듬히 떨어지는 한나절
어느 지방 소읍을 돌다 낮술 한 잔 걸치고
길을 잃어도 좋으리라

산 벚나무 활짝 핀 깊은 골짜기를 짚어가다 보면
사람의 내부를 보는 것 같아
손금 내려다보듯 속이 환하다

저도 궁금한지
제 몸을 들여다보는 하늘의 눈

깊은 잠

그가 작은 방으로 들어갔다
휴대폰으로 날아온 부음을 듣고
문을 열어주기 귀찮다는 듯
아이를 밀어내고 문을 걸어 잠근다
미리 짜 놓은 관 뚜껑을 열고
깊은 잠에 들었을 것이다
아이는 열리지 않는 문을
한참 두드리더니 무덤 앞에서
울음을 터뜨린다
이제 그는 밖에 울고 있는
아이의 눈물을 닦아 주지도
안아주지도 못할 것이다
아이는 언제 그랬냐는 듯
깔깔거리며 장난감을 가지고 논다
나는 서둘러 그가 남긴 발자국을
하나씩 닦기 시작했다

뒤축

벗어 놓은 신발 뒤축이 한쪽으로 심하게 닳았다

안에서 밖으로 자꾸만 밀어내며 질질 끌고 온
한 생이 기울어져 있다

내 몸보다 무거운 짐까지 짊어지고 묵묵히 따라와 준 신발
그동안 뒤축이나 축내고 지내왔다

이제 알겠다, 가파름과 평탄함이 주는 마음의 각도 따라
삶도 경사가 진다는 것을

신발 끈 고쳐 매고 다시 걸어가라고 기우뚱거리는 날
뒤축이 받아주신다

종소리

나는 이제 못을 박지 않는다

언제부턴가 못을 박을 때마다
벽이 쩡쩡 우는 소리가 들렸다
들여다보니 벽 한쪽이 금이 가 있다
갈라진 틈 사이로
내 대신 십자가를 짊어지고
피 흘리는 어머니가 보인다
잘못 박힌 못처럼 구부러진 어머니의 등
여기저기 시퍼렇게 멍이 들어 있다

망치질하던 내 손을 내려놓는다
아랫마을 성당에서 울려퍼지는 종소리

법당 보살

처음엔 법당에서 소임을 맡은
보살인 줄 알고 법당보살로
살고 싶다는 생각을 했었지요
그런데 그게 아니라네요
법당 안에서는 부처님이 계셔
절도 잘하고 법문도 잘 듣는데
법당 문을 열고 나오면 자기 자신이
보살인 것을 까맣게 잊는다지요
자기 자신을 스스로 가두며 사는
그야말로 법당 안 보살인 셈인데
늘 문이 닫힐까 두려웠던 나는
기도를 마치고 법당을 나서는데
닫힌 문이 열리지 않는 거예요
마음하나 잘 쓰면
없는 문도 열린다는 걸
그제야 알았습니다

벼룩시장

세상을 오래 견뎌온 것을 만나러 간다
평생 쓰겠다고 큰 맘 먹고 장만한 것들
정 붙이고 살다 버리기에 마음 편하도록
간 쓸개 뺀 벼룩처럼 모아 두었다
타고난 성품을 잃지 않고 살아온 탓일까
날카롭던 모서리가 뭉툭해져 낡아질 대로
낡아버렸지만 몇 군데 손만 보면 제법
쓸만한 것들의 표정은 하나같이 밝다
생이란 잠시 빌려 쓰다 놓고 가는 것
아무도 거들떠보지 않는 한 귀퉁이에
덤으로 살아가는 나를 만난다
이제 더는 무엇이 되고 싶지 않은 내가
쓸쓸하게 늙어 가고 있다

백련사 동백꽃

나도 꽃으로 피어날 수 있었으면 좋겠다 버리며 살고 싶었으나 지금까지 질질 끌고 온 내 무거운 삶의 짐들이 꽃으로 피어났으면 좋겠다 나는 오늘도 꽃이 흘리는 눈물을 닦아주지 못하고 돌아가려는데 단 한 번만이라도 뜨겁게 살아보라고 백련사 앞뜰에 고개 숙여 시들어 가는 동백이 내 발목을 오래도록 붙잡는다 버리면 편해진다고 쉬워진다고 내게 말하는 동백을 껴안고 운다 꽃 한 송이 피우지 하고 살아 온 내 삶이 이제는 꽃으로 피어나 환하게 웃을 수 있었으면 좋겠다

아홉수에 대하여

숨고르기를 하고 있다
산허리에 구름이 몰려 있는
고개 마루를 넘어가기 위해서
가쁜 숨을 내쉬고 있다
노둣돌도 없이 살아온
내 생은 식은땀이나 흘리며
벌써 헐떡이고 있다
새의 창자처럼 구불구불하고 가파른 언덕길
발을 헛디뎌 넘어진 적 얼마나 많았던가
답답하게 숨통을 죄어오는
덧댄 나잇살, 막을 수는 없지만
희망은 늙지 않을 것이다
아홉, 오라 기꺼이
가볍게 업고 넘어가리라

관계

틈이 생긴 너럭바위에
나무 한 그루 기적처럼 살아 있다
처음엔 뿌리가 바위의 틈을
꼭 끌어안고 있다고 생각했는데
가만히 보니 갈라진 바위가
나무의 뿌리를 키워내고 있었다

내가 슬픔의 뿌리를 길게 내리던 날
굳게 닫힌 마음을 환하게 열고
나를 끌어안은 그녀를 만났다
그녀의 몸에 나는 문신처럼 깊은
글씨를 하나씩 새기기 시작했고
전생과 후생 사이의 언어들을
손 끝으로 읽어내리는 동안
고생대 화석같이 캄캄했던
그녀의 몸이 주문처럼 열리더니
푸른 물빛이 풀어져 나왔다

고요한 산이 서서히 깨어나고

내 몸에 잎이 돋고 있었다

제3부

아름다운 탁발

전봇대에 둥지를 튼
어미 새
홀쭉해진 가벼운 몸집으로
먹이를 수시로 물어다
어린 새의 입에 넣어준다

딴청을 피우다

하루 종일
가부좌 틀고 앉아
계신 부처님

제발 한 번만 봐달라고
두 손 모으고
무릎을 꿇는다

눈을 감고 있어도
다 알고 계신 걸까

가당치도 않다는 듯
딴청을 피우신다

바리데기

청동 방울을 흔든다

극락으로 가지 못한
죽은 어미가
아직도 보이는가

오냐, 오냐
울지 말아라

어미를 구하지 못한
그 애가 자꾸 칭얼거리네

굽은 화초

베란다 화초들이 일제히 창문 쪽을 향해 있다
그늘에 갇혀 살아야 할 화초들이 안쓰러워 볕 잘 드는 곳에
슬그머니 놓아두었는데
거기서도 좀 더 햇살 쪽으로 기울어져 허리가 휜 화초들
좀처럼 펴지지 않는다

본능적인 몸부림이다
가끔씩은 그늘에 기대어 쉬시라고,
살짝 방향을 돌려준다

궁남지

연꽃 가득 핀
부여 궁남지
갓 속세를 벗어난
어린 비구니 스님들이
걸어가는 곳마다
절 한 채 짓는 사이
소리 없이 백련이 피었다가 진다
입 꼭 다물고 잠자던
수련도 뒤따라와
꽃을 피운다

비 오는 날

밖이 소란스러워 문을 열어보니
정신없이 퍼붓는 빗줄기에 나뭇잎들이 목욕을 한다
물방울을 서로 튕겨가며 장난을 친다
나도 얼른 달려가 비누 거품을 풀어 놓았더니
좋아라 까불대며 웃음 꽃을 피운다
몸 구석구석 먼지 때를 벗고 말끔해진 나뭇잎들
오늘은 일찌감치 불을 끄고 토닥토닥 잘 자겠다

봄내가 난다

그 바람에 꽃들은
바람을 피우고 싶어
안달이 났다

찻잎

참선 중이다
뜨거운 물 속에
가부좌 틀고 앉아 있다
하안거 동안거를 걸쳐
지옥 같은 불구덩이를 지나
바싹 말린 몸
물 한 잔 들이키고 앉아
물방울 염주를 돌린다
드디어 물 위로 오롯이
올라온 찻잎
오늘은 성불하겠다

백일홍

나도 언제쯤이면 그대 가슴에 불을 놓아
벌겋게 타오를 수 있으랴

텅빈 방

많은 말들을 하고
돌아온 날은
습관적으로 방문을
굳게 걸어 잠근다
가슴에 묻고 살면
병이 될지도 모른다고
죄다 쏟아놓고 오는 날엔
도로 주워 담고 싶어
빈 방에 쪼그리고 앉아 있으면
너덜너덜해진 입이 고요해진다
입내도 말갛게 씻긴다
그런 밤이면 빈 방에
달빛이 출렁이기도 했다

사월

꽃이 핀다
모든 나무와 풀은
제 몸과 피를 말려서
꽃을 피운다지
그것을 알고부터는
함부로 꽃을 꺾지 못했다
꽃이 피고 지는 잠깐 사이
얼마나 많은 날들
힘쓰며 살았을까
나는 단명의 꽃잎으로
살다가 가리
그리하여
단 한 번의 생 위에
딱 한 번만 꽃을 피우고 말리

외딴집

혼자 사는 게 안쓰러워
찾아갔더니

거미집 한 채
구절초 집 한 채
감나무 집 서너 채
다람쥐 집 한 채

심심치 않겠다

얼음꽃

발효차
사발 안에
얼음 하나 떠 있다
차가운 얼음 속에
핀 꽃
향기가 뜨겁다
뿌리도 없이
만개한 꽃들
저렇게 아름답게
피울 수 있다니
내 뜨거운 가슴엔
얼음처럼 차가운 꿈이
아프게 아프게
시들고

엘레지

다 보여주겠다는 듯
어디 내 속을 들여다보라는 듯
꽃잎을 한껏 뒤로 젖히고 열어 보입니다
치마를 뒤집어쓰고 있는 처녀들
온몸 열어 쓰러뜨릴 상대도 없이
저 혼자 훅 뜨거워지는지 붉어집니다

가만히

나무들은 꽃이 피어날 때
이파리가 돋아날 때
소리를 내지 않는다

고요히 자신을 들여다볼 줄 아는
사람도 그와 같다
꽃처럼 아름답다
그의 곁에만 서도
참 좋은 향기가 난다

사람과 사람 사이

사람과 사람 사이에도 길이 있다

마음과 마음이 걸어다니는 길 하나 있다

갓길을 내어주며 마중 나가 안아주고 싶은 사람 하나 있다

손잡고 걸어가며 웃어주고 싶은 그런 사람이 있다

제4부

물결이 되는 일

바닷가에 나가
하염없이 바라보면
파도는 온몸이 부서지면서 물결을 만든다

산산이 부서져 본 사람은 안다
얼마나 많은 파도가 속절없이 밀려가고 밀려오는 것인지

부서지는 것들이 물결을 만든다

스며든다는 것

파도에 몸을 적신
꽃게가 간장 속에
몸 풀고 있다

게딱지 지붕아래
알을 품고
납작하게 엎드려 있다

간장이 살 속까지
잘 스며들게 깊숙이
잠겨야 한다

스며든다는 것은
소리 없이
내 안을 비우고
무언가를 받아들이는 일

나는 게 눈 감추듯

주린 배만 채우다가

곁눈질로 눈치만 살필 뿐

연꽃

썩어야겠다
푹 썩어야겠다

아무래도 한 생쯤
더 썩어야겠다

나는 무슨 꽃을 피우려
그토록 몸살 앓았든가

진흙 하나 묻히지 않고
요동치는 가슴만으로
뜨거워지고 싶었던 것을

더러운 것도 깨끗한 것도 없는
이 세상 가장 낮은 곳에
둥근 뿌리를 내리고 싶다

생강나무

이른 봄
가장 먼저 꽃을 피우는
생강나무가
약이 된다는 걸
아이를 낳고나서야 알았다
노란 산수유 닮은 나무
아기나무라고도 부른다는데
막힌 땀구멍 죄다 열어주고
죽은 피 없애고 독을 풀어
산후풍에 좋다는 생강나무
만삭의 근심을 풀어
몽글몽글 피어나는
배꼽 같은 꽃
둥그런 산에
봄 냄새 가득했다

봄

너에게 세 들어 살고 싶다

산벚꽃 흐드러지게 피면
저 산 속으로 들어가

한살림 차려
미치도록 살아보고 싶다

문지방 넘나드는
여린 꽃잎으로 도배를 하고

햇살 가득한 너의 가슴에
방 한 칸 들여서

너에게 세 들어 살고 싶다

몸으로 말하는 나이

예전에는
혼자 부려놓지 못한 슬픔이
그저 서러워
몸보다 마음이 아파
못 견디게 가슴 절절하더니
이제는
마음보다 몸이 먼저
알아차리고 아파옵니다
아픈 몸이 마음을 달굽니다
더 이상 뜨거워지지 않는 마음
몸으로 말하는 나이가 되었나 봅니다
마른 몸이 길게 누운 아침
마흔에 접힌 마음 이제 조금은
가벼운 듯 저 혼자
가뿐히 걸어갑니다

넘어진다는 것

걸음마를 배우는 아이가
자꾸 넘어진다

넘어지지 않으려고
애쓰지 않는 아이를 본다

일어서는 방법을 가르쳐 주지 않았는데
혼자서 일어난다

넘어지지 않으면
다시 일어날 수 없다

일어나지 않으면
다시 넘어지지 않을 것이다

넘어지지 않으려고 애를 쓰다가
꼭 넘어지는 나를 본다

넘어져도 좋다고 생각하면 될 것을
오늘도 일으켜 세우기 위해
나를 넘어뜨린다

부항을 뜨며

무덤처럼 솟아올랐다
부풀어 오른 자리에
건드리면 터질 듯
팽팽하게 차오르는 통증
욱신욱신 마음까지 결린다
풀지 못하고 산 게
그리도 많았을까
몸 안에서 몸 밖으로
둥근 울음을 밀어낸
자리마다 까맣게 꽃이 폈다
소리를 내어 부를 수 없어
안으로 안으로 삼킨 이름
어혈처럼 맺힌
그리움이 병처럼 깊었다

아기업개

옛날 옛적에 사람이 살지 않던 섬에 사람들이 배를 타고 고기를 자꾸 자꾸 잡았다네 어느 날 배를 묶어 놓으면 바다가 조용해지고 배를 타려 하면 언제 그랬냐는 듯 거칠어지자 사람들은 서둘러 칭얼대는 아기를 업고 다니는 아기업개를 제물로 바치고 모슬포로 돌아왔다는데 배를 우두망찰 기다리다가 그만 홀로 굶주린 채 죽은 아기업개는 아직도 그 섬에 살고 있어 거센 풍랑이 일 때마다 성난 파도를 잠재우러 맨발로 뛰어 나온다네 검은 돌무덤 하얀 기저귀를 손에 들고 날 좀 데려가 줍서 날 데려가 줍서 배고파우는 아기업개가 부르는 소리 들린다네

조문

살아 있는 모든 사람들은
죽음에게 위로를 받고
바람처럼 돌아갔다
하룻밤 사이 너무 늙어버린
상주의 곡소리가 가을처럼 깊다
전생과 이생을 사이에 두고
향불은 저 혼자 타오르는데
인생은 설명할 수 없는 일이
너무 많다는 듯 영정사진이
환하게 웃고 있다
누구를 믿고 살아야 죽어서도 살까
내 마음에 염을 하고 돌아오는 길
울음도 없이 낙엽이 진다
살아도 산 것이 아닌 목숨
지금 풍장 중이다

양파도 눈물을 흘린다

눈물이 난다
양파 껍질을 벗기다 보니
어떤 것은 불쑥 싹이 나 있거나
또 어떤 것은 겉이 멀쩡해서
벗겨보면 속살이 죄다 썩어 있다
속내를 알 수 없는 사람 같다
두루마리 휴지처럼 겹겹이 두른
자신을 보여주지 않으려고 애쓰는
그런 사람일수록
단박에 잘라 보면 안다
그도 내비칠 수 없는 눈물을 하얗게
흘린다는 것을

한 번은 봄눈으로 내리고 싶다

외로움도 오래되면
온몸을 데워줄 만큼
따뜻해질 수 있을까

때 아닌 봄눈 내리는 날
무엇을 덮어 주려고
저리도 내리는 걸까

나는 누군가의 가슴에
봄눈이 되어
내린 적 있었던가

봄눈처럼 따뜻한 사람은
얼마나 아름다운가

누군가를 사랑한 적 없지만
나도 한 번은 봄눈으로 내리고 싶다

마흔 살 즈음에

귀신도 무섭지 않다는 나이가 되었습니다
많은 것을 포기하고 버려도 아무렇지 않는
나이가 되었습니다
혼자 밥을 먹어도 괜찮은
그런 나이가 되었습니다
세상일에 발끈하던 나이를 지나
무슨 일이든 미적지근해지는 나이가 되었습니다
지은 죄가 누더기처럼 하늘에 걸려 있어도
뻔뻔하게 하늘을 올려다보기도 하는
그런 나이가 되어버렸습니다
모든 욕망이 잠시 쉬어 가는 나이
모든 욕망이 새로 들끓는 나이
이걸 아는데 꼬박 사십 년이 걸렸습니다

미리 쓰는 유서

영원한 것이 이 세상
어디에 있겠는가
모두가 한순간일 뿐
어느 날
내가 느닷없이 떠난다면
거처도 없이 떠도는
나의 영혼을 위해
흙벽돌 찍어
토담집을 짓고
방 한 칸 들여 놓아라
그리하여
잠든 영혼을 깨워
한 장 한 장 책장을 넘기게 해다오
물 좋고 산 좋은 곳에
내 영혼의 집 한 채 지어
지상에서 못다 쓴 시를 쓰고 싶구나

박물관에서

부여 박물관 한바퀴 휭하니 돌다 보니
내 발목을 오래 잡아끄는 것이 있었다
뜨거움을 품었던 토기들 목이 쩍쩍 타는지
못 참겠다는 듯 일제히 걸어 나온다

뜨겁게 살아온 것은 죽어서도 살고 있는 것일까
한때 물레의 힘으로 토기를 굽던 도공들은
다시 흙으로 돌아갔거나 토우로 태어났으리라

온기 없이 살아온 마음 둥글게 빚어 가마에 구워본다
빈 사발 하나 꺼내 집으로 돌아오는 길
사선으로 비가 내린다

밋밋한 내 마음 빗살무늬토기처럼 결이 생긴다

용서

허리를 굽히고 무릎 꿇고 앉아
맑은 물 한 대야 떠놓고
떨리는 손으로 누군가의 발을
씻겨줘야 할 때가 있다
무언가 가만히 고백해야 할 때가 있다
작은 촛불 하나 밝히고 두 손 모아
참회를 해야 할 때가 있다
아직 한 마디 말도 꺼내지 못했는데
용서보다 눈물이 먼저 나온다
내 죄가 나를 먼저 용서했었구나

시작노트

삼신할머니, 노여움을 푸소서

나는 충청도 보령에서 오뉴월 삼복더위에 탯줄을 자르고 세상에 나왔다. 농사꾼인 부모님 밑에서 육남매 중 내가 다섯 번째로 태어난 곳은 마을과 개울가를 사이에 두고 있는 그야말로 참새들도 심심해서 그냥 지나가는 첩첩산골 외딴 집이었다. 비포장 길에 가뭄에 콩 나듯이 차 한대만 지나가면 흙먼지가 부옇게 날아오르던 그 길이 세상과 통하는 유일한 통로였다.

삼신할머니가 노하여 별로 달가워하지 않는 여자의 몸을 받아 세상에 나와 보니 열 손가락 깨물어도 덜 아픈 손가락도 있었던 것이었는데, 나는 깨물지 않아도 아픈 그런 손가락이었다. 외골수인 성품이 대쪽같아서 작은 잘못도 그냥 보아 넘기는 법이 없으신 엄격한 부모님을 만난 나는 산 넘고 물을 건너야 할 일이 많았다. 게다가 위아래로 서너 살 밖에 터울이 안 되는 오빠와 남동생이 있었으니 존재 아닌 부재로 살아야 했다.

비가 억수같이 내리던 날 우리 집 쓸만한 우산은 아들들의 몫이었다. 학교에 가야 하는데 한 귀퉁이 찢어진 우산만 덩그러니 남아 있었다. 그런 우산을 들고 가는 것이 너무 창피스러워 산골길을 우산도 없이 혼자서 걸어갔다. 처음엔 내리는 비가 원망스러워 비보다 많은 눈물을 흘리며 다녔지만, 나중에는 눈물이 비 때문에 보이지 않아 실컷 울 수 있어 오히려 비 오는 날이 좋았다. 그래서 그런지 지금도 비가 오시는 날이나 눈이 내리시는 날은 내가 태어난 걸 축복해 주는 것 같아서 너무 좋아한다.

천성적인 외로움을 가지고 태어난 나를 늘 반겨주었던 것은 학교와 집을 오고가는 길에 늠름하고 미끈덩하게 잘 생긴 미루나무였다. 더러 나는 나무에게 철없는 고백을 하기도 했고, 슬픈 속내를 환하게 털어놓기도 했다.

좀 창피한 일이지만 어릴 적 통틀어 읽었던 책이라고는 손가락으로 꼽을 정도였다. 그나마 빛나는 교과서만 물려받은 구닥다리 책꽂이에 정직하게 서 있었다. 부모님은 동화책을 사주는 일보다 계란 한 줄을 사는 것이 오히려 현실적으로 맞았으리라. 어쨌든 정말 문화적인 혜택을 전혀 받지 못하고 자랐던 것은 분명하다.

운문(韻文)에 들어서다

나는 영원히 잊지 못할 은사 한분을 만났다. 여고 1학년 때의 담임선생님이 바로 그분이다. 선생님께서는 내게 책을 많이 사 주셨고, 교실 뒤 한쪽에 책들을 모아 두어서 모든 아이들이 책을 읽을 수 있도록 배려해 주셨던 아주 인자하신 분이셨다.

꿔다 놓은 보리자루마냥 말수가 적은 나는 학교 운동장 귀퉁이나 나무그늘에 책을 끼고 앉아 세상을 다 짊어진 사람처럼 청승을 떨어대며 보냈다. 문학을 신앙처럼 모시고 책 읽는 일과 일기 쓰는 일은 내가 할 수 있는 유일한 일이었으며, 삶의 참회였다.

어느 날 윤동주 시인의 서시를 읽다가 문득 나도 시를 쓰고 싶다는 생각이 들었다. 뿔테안경 낀 눈으로 책을 읽는 고뇌의 시인이 되고 싶다는 꿈을 꾸었다. 문학이 뭔지도 모르면서 쓰기 시작한 시들이 새삼 나를 들뜨게 만들었던 일이 있었다. 그건 다름 아닌 교내 글짓기 대회에서 내 존재가 드러났기 때문이었다. 게다가 단국대학교에서 전국 학생을 대상으로 문예작품 모집을 했었는데 「강」이라는 시로 좋은 결

과를 얻었다.

그러나 삶은 나를 그냥 두지 않았다. 병이 도진 사람처럼 시를 쓰는 일 말고는 도무지 사는 일에 흥미를 느낄 수가 없었다. 이상하리만큼 그때는 내 청춘의 시간이 너무 헐렁하거나 지루했고, 인생의 끝을 미리 본 사람처럼 내 청춘을 연민했으며, 채워지지 않는 허기 같은 영혼을 이끌고 자꾸 길위로 나서곤 했다. 그때도 그랬다. 헛것에 대한 징글징글한 연민과 속수무책에 미칠 듯이 어디론가 떠나고 싶었다. 험한 세상에 나약한 인간이 갖는 불안과 미래에 대한 두려움으로 나는 늘 가득 차 있었으니, 한참 공부를 해도 시원찮을 판에 한숨이나 한 솥단지 꺼내놓고 체념을 밥 먹듯이 하며 지냈다.

생각해보면 내 안에는 내 자신으로만 가득 차 있어 세상 밖에 어둠처럼 보이지 않았던 것 같다. 내 영혼의 묵은 때를 말끔히 씻기 위해서 절집을 내 집 들락거리듯이 한시절 보내다 보니 그동안 내가 좇으며 살아온 것이 무엇이었는지 허상에 매달려 아집과 아상으로 물든 내 모습이 차츰 보이기 시작했다. 세차게 죽비 한 대 얻은 맞은 듯 생이 아찔했다. 그 당시 나옹선사의 「청산은 나를 보고」를 읽고 내가 살고 싶은 삶을 그대로 노래한 듯해서 너무 좋아했었다.

청산은 나를보고 말없이 살라하고
창공은 나를보고 티없이 살라하네

사랑도 벗어놓고 미움도 벗어놓고
물같이 바람같이 살다가 가라하네

청산은 나를보고 말없이 살라하고
창공은 나를보고 티없이 살라하네
성냄도 벗어놓고 탐욕도 벗어놓고
물같이 바람같이 살다가 가라하네

시를 화두로 삼다

나는 꿈을 꾸는 것을 즐긴다. 꿈을 많이 꾸는 사람은 현실 적응력이 떨어진다. 현실보다는 꿈을 꾸듯 상상을 하며 지내기 때문이었을까? 정말 꿈속에서도 시를 썼는데, 눈뜬 아침에는 생각이 나질 않아서 당황스러웠던 적이 많았다.

이십대 초반 무렵 시를 써보겠다고 여기저기 곁눈질 하다가 보령지역인 《한내문학》에 들어갔는데, 우연치 않게 문단의 거목이신 이문구 선생님과 임영조 선생님을 뵙고 정말 시다운 시를 쓰고 싶다는 열망과 큰 꿈을 갖게 되었다.

문학을 한다고 내놓을만한 문인들은 대개 따로 방을 만들어 책이 변산반도 채석강을 떠올릴 만큼 쌓여있는 것도 모자라 거실까지 마중 나와 반길 정도로 읽었으며, 한 편의 시를 완성하기 위해서 몇 날을 두고 고민하며, 지독한 외로움을 독주 마시듯 견디며 치열하게 쓴다는데, 그렇다면 나는 시를 왜 쓸까? 내 스스로에게 묻는다. 돈이 생기는 것도 아니고, 명예가 되는 것도 아니고, 누가 알아주지도 않는 외롭고 힘든 고행의 길을 왜 걸어가려고 할까?

마음이 벼랑 끝을 만난 것처럼 답답하고 체념하고 싶은 생각이 저절로 들 때가 많다. 후회와 눈물과 절망을 거듭하며 보낸 지가 이십여 년 가까이 흘러가고 있지만, 아직까지 시가 뭔지 잘 모르겠다. 막상 써놓고 보면 내가 쓴 어느 한 편의 시도 나를 좌절시키지 않는 것이 없기 때문이다. 어쩌면 이렇게 못 쓸 수 있단 말인가. 부끄러움이 쌓이면 죄책감이 드는 것일까? 그럼에도 나는 왜 절필하지 못하는가.

데이비드 베일스와 테드 올랜드는 『예술가여, 무엇이 두려운가!』라는 책에서 예술가가 "자신이 가진 재능이 얼마나 되는지 걱정하는 것보다 더 쓸모없고 흔한 에너지 소모는 없다"고 말했다. 즉 스스로 창조하고, 스스로를 발전시켜 나가지 않으면 눈부신 천성은 망각 속으로 사라져버린다는 것인데, 나는 타고난 특별한 재능을 가지고 있지도 않을 뿐더러 치열하게 살아보지도 못하고, 또 목숨 걸고 쓰지도 않았다.

그러나 나는 쓰리라. 따뜻한 밥 한 그릇도 되지 못하지만, 내게서 문학이란 세상에 대한 외침이 아니라 오직 내 자신에 대한 반성들과 작은 다짐들이기 때문이다. 또한 삶에 대해 물러설 곳이 없는 자의 몸부림과 오기였으리라. 내 삶의

커다란 버팀목처럼 나를 지탱해주었던 것이 바로 시였으며, 또한 나를 올곧게 만든 것도 시의 힘이다. 시는 곧 나의 어머니요, 신앙인 것이다.

내가 시에게 묻는다. 도대체 시가 뭐냐고? 시가 내게 묻는다. 너는 누구냐고?

초발심으로 돌아가 정진하리라.

사람은 시절인연으로 살아간다는 말이 있듯 나는 세상에 빈손으로 태어나서 얻은 것이 너무 많다. 인연에도 우연과 필연이 있으니 그걸 보태면 인연이란 얼마나 소중하고 아름다운 것인가를 새삼 깨닫게 된다. 운문(韻文)과 산문(山門)으로 맺은 인연들과 나의 껍데기인 어머니, 그리고 그동안 빚진 인연들께 엎드려 절을 올리고 싶다.

세상 살아가는 일이 모두 순간인 것을 눈 한 번 깜빡거리는 사이 세월이 저 혼자 바삐 지나간다. 문득 꿈에서 깨어 눈을 떠보니 내가 마흔 가까이 와 있다. 나이야 숫자에 불과하다지만 나이 먹는 건 어쩔 수 없는 일인가 보다. 아무리 내가 나이를 먹어 주름이 잡혀가도 시만큼은 늙지 않았으면 좋겠다.